LETTRE DE M. F. COILLARD

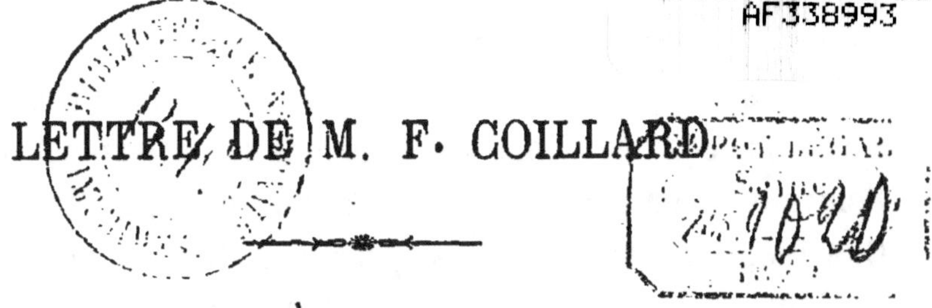

Seshéké (1), sur le Zambèze, 30 août 1878.

Honorés et chers Frères,

La date de ma lettre, j'en suis sûr, ne manquera pas de vous causer de la joie. Nous sommes donc au Zambèze, grâce à notre bon Père céleste qui nous a conduits et protégés, comme jadis son peuple d'Israël. Je dirai peu de chose de notre voyage de Manguato à travers le plus triste des déserts. Dès le début, par la faute d'un guide qui prétendait connaître le chemin, nous fîmes fausse route et nous voyageâmes trois jours sans eau. Heureusement que nous avions alors la compagnie de Lipoukoé, un des évangélistes que la Mission des Béchuanas envoie au lac Ngami chez Moremi, le fils de Letsulathebe. Cet excellent homme, plein d'énergie, avait des chevaux, et, grâce à son secours, nous pûmes, en rebroussant chemin, aller passer le dimanche auprès d'une mare. Toute bourbeuse et repoussante qu'elle fût, cette eau sauva la vie à nos bêtes. Quelques jours plus tard, nous nous séparâmes de notre ami Lipoukoé, après nous être mutuellement recommandés à la garde de Dieu. Nos pensées suivirent longtemps le wagon de ce Motlaping si remarquable à tous égards. Il faisait tout seul avec sa famille

---

(1) Cameron place Seshéké sous le 17°,31 de latitude sud et le 21°,52' de longitude est. *(Note des Réd.)*

un voyage qui a été fatal à plus d'un blanc et dont les souffrances des Helmore donnent quelque idee. L'endroit où il
va courageusement porter l'Evangile est le plus fiévreux de
toute la contrée. Nous ne pouvions nous lasser d'admirer
l'entrain, la gaieté de Lipoukoé et de son excellente femme.
Que Dieu les bénisse et fasse prospérer leur œuvre et celle
de leur collègue Koukoé qui les a déjà devancés au lac
Ngami !

Les seuls êtres humains que nous rencontrâmes ensuite
furent des Masaroas, les *buschmen* de ces pays, misérables
créatures, qui ne vivent que de racines, de baies sauvages et
du produit de leur chasse. Leur est-il arrivé de tuer un
éléphant, un buffle, une girafe ou quelque autre pièce de
gibier, toute la communauté émigre et établit ses quartiers auprès de l'animal abattu, jusqu'à ce qu'un nouveau
succès les induise à transporter leurs pénates ailleurs. Les
traces de nos wagons les amenèrent à nous. Ils nous avaient
pris pour des chasseurs et rêvaient bonne chère. Frustrés de
leur attente, ils se vengèrent en nous faisant prendre une
direction qui nous eût conduits à Mababé. Cela nous fit
perdre plusieurs jours, et ce ne fut pas sans peine que nous
rentrâmes dans le bon chemin. La monotonie du pays et nos
préoccupations rendirent cette partie du voyage ennuyeuse
et fatigante.

C'est vers la fin de juillet que nos voitures s'arrêtèrent
à Leshoma, l'endroit le plus rapproché du Zambèze à nous
connu, d'où nous pouvions encore la même nuit renvoyer
nos bœufs au delà de la bande de forêt infestée du tsetsé. A
l'ouïe de notre arrivée, le messager de Khama (1) vint vers nous
avec la décourageante nouvelle qu'il ne lui avait pas été
permis de pénétrer dans le pays des Barotsis, à cause de
troubles politiques qui le désolaient. Je le renvoyai avec un

---

(1) Khama, le chef de Schoschong, avait envoyé cet homme annoncer nos missionnaires. *(Note des Réd.)*

présent pour le nouveau roi, demandant aux chefs subalternes de le transmettre sans retard. A supposer qu'ils le fissent, il devait s'écouler six semaines au moins avant que la réponse pût me parvenir. Nous résolûmes de tirer le meilleur parti possible de ce regrettable délai en allant faire une excursion aux cataractes Victoria : — ma compagne sur une litière de ma confection, portée sur les épaules de quatre robustes indigènes, ma nièce à âne, nous autres à pied avec une douzaine de porteurs chargés d'une petite tente, de nos vêtements, de nos provisions ; tous à la file, bivouaquant tous les soirs dans un bercail de branches d'arbre, et entourés de grands feux pour éloigner les bêtes sauvages ; partant chaque matin avant le lever du soleil, quitte à nous reposer au milieu du jour pour préparer notre repas. C'est ainsi que nous fîmes ce trajet pique-nique, difficile et fatigant, mais que nous ne regrettons pas. Nos porteurs et les visiteurs qui ne manquaient pas, appartenaient à différentes tribus vassales des Barotsis, et venaient de différents quartiers. Nous avions des Masubiéas, des Matotélas, des Matokas, des Mashapatanes, etc., et tous, le croiriez-vous, comprenaient et parlaient notre langue, je veux dire le sessouto. Tous les matins, nous avions la prière avec eux, et tous les soirs, nous leur enseignions un passage de l'Ecriture et le beau cantique de notre frère Duvoisin : « A re bineleng Yesu (Louons Jésus). »

C'est une douce pensée qu'on le chante maintenant sans doute dans plus d'un hameau où le nom de Jésus n'avait jamais été connu.

C'est le 1er août que, pour la première fois, nous contemplâmes le cours majestueux du Zambèze, avec ses rives et ses îlots couverts de forêts que dominent de place en place les baobabs et les palmiers. Nous le suivîmes jusqu'aux cataractes, pendant six jours de marches modérées. La beauté des points de vue, la magnificence et la grandeur du panorama que chaque contour et chaque hauteur renouvelait et

déroulait à nos yeux, nous rendaient muets d'admiration.
Quant aux cataractes elles-mêmes, vous le savez, elles sont
formées par une fissure qui s'étend d'une rive à l'autre du
fleuve, un kilomètre à peu près. Dans ce gouffre, le Zambèze, calme et tranquille comme un lac, précipite tout à
coup ses ondes, bondissant, se brisant sur d'énormes rochers,
mugissant, bouillonnant et renvoyant dans les airs des nuages
de vapeur, qui ont valu aux cataractes le nom sessouto de
« *Musi oa thunya* » (la fumée tourbillonnante). De ces
sombres abîmes où l'œil peut à peine distinguer l'écume ver-
dâtre de ses flots, il s'échappe, comprimé par une autre fissure tout aussi profonde, qui lui livre près de sa rive gauche
un étroit passage, et il s'éloigne avec de sourds murmures
en formant de nombreux zigzags. On peut à peine plonger
le regard dans ces profondeurs et suivre un instant le cours
tortueux et resserré de ce fleuve sans en avoir le vertige. La
première impression que l'on reçoit à la vue de ce phéno-
mène de la nature est une impression de terreur. Les natifs
y croient à la présence d'une divinité malfaisante et cruelle.
Aussi lui font-ils des offrandes pour se concilier sa faveur ;
qui, d'un collier de perles, qui, d'un bracelet ou d'un objet
quelconque qu'il lance dans l'abîme en se livrant à des
incantations lugubres en parfaite harmonie avec leur effroi.
Pour nous, nous avons remporté d'autres impressions de
notre visite aux chutes du Zambèze et de notre excursion de
quinze jours. Le bruit s'était répandu que le missionnaire
annoncé par Khama était arrivé et se trouvait dans ces
parages. A peine nous avait-on aperçus, ou avait-on entendu
nos coups de fusil que des canots traversaient le fleuve et
nous apportaient de petits présents et de grandes salutations
de la part des chefs, et des denrées, que leurs gens nous
vendaient au prix de famine. Ce n'est pas leur faute, c'est
l'éducation que leur ont faite certains marchands et les voyageurs qui ont visité les cataractes. Nos rapports avec les
chefs barotsis furent des plus agréables. Quelques-uns mirent

leurs canots à notre disposition, et avec tant d'instances, que nous n'aurions pu refuser sans leur faire dé la peine. Mais il fallait du courage et de bons nerfs pour qu'une dame pût se confier non seulement à ces sauvages étrangers (surtout après nos expériences de Masonda qui étaient présentes à notre souvenir), mais aussi à ce tronc d'arbre grossièrement creusé, à peine assez large pour s'y accroupir et que chaque coup de rame faisait vaciller d'une manière peu rassurante. Mais nos bateliers gagnèrent bien vite notre confiance. Non seulement nous fîmes agréablement une bonne étape dans un de leurs *mekoros*, mais à notre retour, à la requête de plusieurs petits chefs, nous traversâmes le fleuve et visitâmes une grande et belle île, où se trouvent plusieurs villages habités par des gens qui ont temporairement cherché là un refuge à cause des troubles politiques. On nous y reçut avec des démonstrations de joie et force claquements de mains accompagnés de la salutation du pays: « *Shangue, shangue, shangue!* » Ce qui répond à la signification primitive de Monsieur. Figurez-vous ce que je devais éprouver là, dans ces îlots du Zambèze, entouré d'une foule comprenant et parlant le sessouto. C'est avec des cœurs émus que nous leur parlions de l'amour de Dieu, et que nous leur chantions les louanges de Jésus. On était tout yeux, tout oreilles, et quand nous avions fini, notre congrégation primitive, bouche béante encore, exprimait son plaisir par de nouveaux claquements de mains et de nouveaux « *Shangue.* » Puis on nous suivait, on nous devançait bruyamment au village voisin, et si l'on trouvait que nous gardions trop longtemps le silence, on nous disait: « N'allez-vous donc pas nous chanter Jésus ? » Nous quittâmes l'île avec toutes sortes de petits présents, escortés d'une petite flottille de canots. Nous étions au milieu de la rivière que les claquements de mains et les *shangue* de la foule rassemblée sur le rivage parvenaient encore à nos oreilles.

Ce fut là un des plus beaux jours de notre voyage. Vous

aurez compris, d'après ce que j'ai dit, que toute la population est au delà du fleuve. Les Matébélés ont exterminé ou chassé toutes les petites tribus qui vivaient de ce côté-ci et ont réduit le pays en un affreux désert.

De retour à nos wagons, que nous avions laissés sous la garde d'un indigène, comme le font tous les chasseurs, marchands et voyageurs, ce qui dit des volumes sur l'honnêteté de ces sauvages enfants d'Afrique, nous entendîmes toutes sortes de rapports contradictoires sur les troubles du pays. Il y a à peu près dix-huit mois que les Barotsis, poussés à bout par la tyrannie et la cruauté de leur roi Sépopa, l'expulsèrent et l'envoyèrent mourir de ses blessures et de faim, abandonné sur les bords du Zambèze. Nguana-wina, son neveu, s'empara du pouvoir et en abusa à tel point qu'au bout de huit ou de dix mois, une nouvelle révolte le força de s'enfuir. Le fils de Sépopa fut alors nommé chef à la satisfaction générale, et Nguana-wina a vainement essayé de soulever des tribus vassales pour rentrer dans sa capitale et reprendre le pouvoir. C'est là l'origine des troubles dont je parle et dont nous n'entendions que des rapports peu croyables. Après avoir établi notre campement sur un des coteaux sablonneux et boisés de Leshoma, le point le plus élevé que je pus trouver, je me décidai à partir sans délai pour Mparira. Eléazare et Asser m'accompagnaient. Ce moment de séparation, nous le redoutions depuis longtemps et non sans raison. Je dis donc adieu à ma chère femme, que je laissai toute seule avec ma nièce et Azaële, sous la garde du Seigneur. Je ne savais pas si, dans les circonstances actuelles, on me permettrait de traverser la rivière, mais j'étais bien déterminé à ne pas retourner en arrière, pour peu que la porte me fût ouverte.

Mparira est une île sablonneuse et aride au confluent du Chobé et du Zambèze. Trois chefs barotsis, de pouvoirs subordonnés les uns aux autres, y sont établis, gouvernant la tribu vassale des Masubiéas, et gardent le principal gué du fleuve, l'entrée du pays. Personne ne peut traverser sans une autorisation spéciale. Pour moi je n'eus aucune difficulté ! Ma qualité de missionnaire, que Livingstone a si bien fait honorer, me servait de passeport. Le chef Mokumba, homme d'une rare intelligence, me reçut avec beaucoup d'égards. Toutefois, avant de consentir à me faire passer à Seshéké, dont le chef m'avait envoyé une pressante invitation, il fallut qu'il envoyât un message spécial et obtînt une permission en règle. Il faut dire que Seshéké était le théâtre de troubles politiques, et qu'étant l'entrée même de la vallée des Barotsis, l'approche en était interdite aux étrangers. Toutes les formalités étant enfin remplies, ce qui prit une semaine, étant assuré des bonnes dispositions du chef de Seshéké, Mokumba lui-même nous y conduisit. Le trajet se fait ordinairement en un jour et demi en canot. Nous prîmes plus de temps et passâmes un délicieux dimanche sur un îlot du Zambèze. Là, le fleuve coule à travers un pays plat et dénudé ; on n'aperçoit les bois que dans le lointain; les zèbres, les antilopes de toute espèce y foisonnent. C'est à tel point qu'à distance et au lever du soleil surtout, on les prendrait facilement pour une immense forêt.

En approchant de Seshéké, plusieurs coups de fusil annoncèrent notre arrivée et amenèrent sur la berge une foule de curieux. Mokumba était fier de ses canots qui fendaient l'eau comme des poissons. Chacun avait pour rameurs cinq et six vigoureux jeunes gens debout, un seul à la poupe et les autres à la proue, absolument comme le représentent les vieilles peintures égyptiennes. — Seshéké est, par sa position, un des postes les plus importants du pays des Barotsis. C'est la résidence de douze petits chefs, dont le principal, Morantsiane, a toutes les attributions et tous les pouvoirs d'un vice-roi. Un de ces dignitaires vint nous recevoir et nous conduire au *lekhothla* (1) où, avec la plus

---

(1) Grande enceinte où se traitent les affaires.　　(*Note des Réd.*)

grande solennité, on vint nous souhaiter la bienvenue. Les discours de part et d'autre, et l'étude minutieuse à laquelle ma pauvre personne était soumise, me parurent bien longs, d'autant plus que j'étais fatigué, et que je me trouvais assis sur un tambour qui s'obstinait à rouler sous moi. Pendant tout ce temps et en notre honneur sans doute, des jeunes gens exécutaient, aux sons des tambours, des danses bruyantes et grotesques. A la fin, Morantsiane mit une hutte à ma disposition, où il ordonna qu'on « préparât mon lit. » — A peine m'étais-je retiré que tous les chefs, ceux mêmes qui arrivaient de Naliélé (1) avec l'ivoire de leur souverain qu'ils allaient vendre à Mparira, vinrent l'un après l'autre me faire visite. La glace était maintenant brisée, et nous nous sentions à l'aise comme avec de vieilles connaissances. Il faut dire que ce n'était pas difficile, car ces Barotsis sont de vrais Bassoutos. Tous leurs chefs ont été les serviteurs ou les esclaves de Sébétoane et de Sékélétu. C'est chez ces potentats makololos, dont ils ne parlent qu'avec affection et avec le plus grand respect, qu'ils ont fait leur éducation et formé leur idéal de la dignité, des manières et du pouvoir d'un souverain. La tribu guerrière des Barotsis, une fois soumise, était devenue la plus dévouée aux intérêts des Makololos, et si Mpololo, le cousin et le successeur de Sékélétu et l'héritier de son pouvoir, ne s'était pas montré si capricieusement cruel, ils n'eussent jamais eu la pensée de se révolter. Mais quand ils eurent résolu de s'affranchir, ils ne reculèrent devant aucune atrocité. J'avais craint qu'on ne regardât avec soupçon nos évangélistes bassoutos ; mais non, au contraire. Les Barotsis n'ont plus rien à craindre des Makololos, dont ils ont exterminé toute la population mâle. En nous entendant raconter notre voyage, ils se contentèrent de remarquer : «Vous êtes de vrais Makololos ; aucune distance

____

(1) Naliélé est la capitale des Barotsis (voir notre numéro de septembre 1878, page 337. _(Note des Réd.)_

ne les effrayait. » On entoure nos gens et moi-même des plus grands égards. On nous apporte les présents d'usage de nourriture avec toute la délicatesse des Bassoutos. « Cette cruche de bière n'est qu'un peu d'eau pour mouiller nos lèvres ; cette corbeille de farine n'est qu'une miette de pain pour tromper la faim. » L'influence des Makololos sur les tribus qu'ils avaient soumises a été extraordinaire ; il serait intéressant de la comparer à celle de Mossélékatsi et de ses Matébélés. Et maintenant encore, en entendant tout le monde autour de nous parler le *sessouto*, en retrouvant ici les mêmes mœurs, les mêmes manières, les mêmes vêtements, la même sociabilité, le même code de politesse officielle, de grands troupeaux de bétail, et abondance de lait, il faut vraiment un certain effort d'esprit pour se croire au Zambèze et non dans quelque quartier reculé et encore païen du Lessouto. — Si la porte de ce pays s'ouvre, et que les Eglises du Lessouto y entrent courageusement, elles auront lieu d'admirer les voies de la Providence qui s'est servie de Sébétoané et de ses bandes de Bassoutos pour préparer ces nombreuses tribus à être évangélisées par les Bassoutos chrétiens d'aujourd'hui. Pourrions-nous passer légèrement sur ce fait que depuis six jours de marche plus bas que les cataractes jusqu'à l'extrémité nord-ouest du pays des Barotsis et jusqu'au lac Ngami, le sessouto est compris et parlé et est le *medium* de communication entre ces diverses tribus dont chacune a cependant son dialecte particulier ? Ce qu'il y a aussi de très remarquable, c'est que les Barotsis et toutes leurs tribus vassales *appartiennent à la grande famille des Makhalakas ;* leurs dialectes en font foi. Ce ne serait donc pas sans raison que le Seigneur nous a enlevés du milieu des Makhalakas de Nyanikoé, pour nous conduire au pays des Barotsis chez des Makhalakas qui sont à demi bassoutos. C'est encore la Mission du Bonyaï sous un autre nom.

A un autre point de vue, cette contrée est pour moi un pays classique. J'ai retrouvé partout ici les traces et le souvenir de Livingstone. Un tel l'avait conduit en canot et était là quand il mettait en terre ses graines d'arbres dans l'île au-dessus de *Musi oa thunya :* tel autre était son cuisinier ; celui-là son factotum. Les uns avaient fait avec lui le périlleux voyage de Loanda, les autres l'avaient accompagné du côté de Zanzibar. — On admire en Europe le voyageur intrépide ; il faut venir ici, où il a vécu, pour connaître et admirer *l'homme*. Si des voyageurs ont gravé leurs noms sur les rochers et sur l'écorce des arbres, lui a gravé le sien dans le cœur même des populations païennes de l'intérieur de l'Afrique. Qu'un missionnaire ait le courage de s'aventurer sur les traces d'un Stanley, sa vie y sera en danger ; mais partout où Livingstone a passé, le nom de *Moruti*, missionnaire, est un passeport et une recommandation. L'avouerrai-je ? Je n'ai pas été peu humilié de me voir coiffé du bonnet de docteur par ces messieurs de Seshéké. Que je le veuille ou non, je suis *Ngaka*, docteur, le successeur de Livingstone. C'est ainsi qu'on chausse au premier missionnaire venu les bottes de ce géant.

Leshoma, 20 septembre 1878.

Un grand désappointement m'attendait à Seshéké. Dans l'entrevue officielle qui eut lieu, le lendemain de mon arrivée, pour traiter d'affaires, je découvris que le message du chef Khama, en passant par différentes bouches, avait été si dénaturé qu'il se réduisait à des salutations purement politiques, et qu'il n'y avait pas même été fait mention de notre expédition. Le chef suprême des Barotsis ignorait complètement mon arrivée. Le présent que je lui avais envoyé n'avait jamais été expédié. On alléguait pour cela une foule de raisons qu'il ne m'était pas possible d'apprécier. Après six semaines d'attente, tout était donc à refaire : envoyer de nouveaux messagers au roi, annoncer mon arrivée, demander une entrevue, et lui transmettre mon présent de salutation. En vain plaidai-je pour qu'on me permît de suivre le messager à quelques jours de distance ; cela eût pu coûter la vie à quelques-uns des chefs, puisque c'est contre la loi des Barotsis. Il fallut donc y renoncer, et, après tout, accepter de bonne grâce les excuses et les protestations de bienveillance de mes hôtes. Ils dépêchèrent immédiatement un messager dont le retour est attendu à la fin du mois.

Pendant notre séjour à Seshéké, nous nous occupâmes naturellement de l'évangélisation. Tous les jours, nous avions de nombreuses congrégations d'*hommes* surtout, car les femmes se tenaient à distance ou se cachaient dans les cours voisines. Vous seriez étonnés de la difficulté qu'on éprouve à enseigner les rudiments de l'Evangile à des païens chez lesquels tout est encore à commencer. On comprenait parfaitement notre langage, mais ce que nous disions de Dieu, de sa grandeur, de son amour, les laissait tout ébahis. La prière leur paraissait un grand mystère et une épreuve redoutable. « *Yuale,* » se disaient-ils les uns aux autres en s'agenouillant, « *goa shuoa !* » Maintenant on va mourir ! Quand on me demandait l'heure de la prière, on disait: « *Re thla shua néneng !* » Quand allons-nous mourir? Si l'on comptait les jours de notre arrivée, on disait : « Nous sommes morts tant de fois ! » Cette malheureuse expression vient des Makololos dont certains chefs, hostiles aux missionnaires, ne pouvaient se décider à se prosterner et à fermer les yeux silencieusement pendant que le *lekhoa*, le blanc, lui, restait debout et parlait tout seul. Ils craignaient ses maléfices. Pour dissiper tout soupçon, je m'agenouillais tout d'abord avec les évangélistes, et puis nous leur faisions répéter tous ensemble l'Oraison dominicale. Quant au chant, il excitait au plus haut point leur curiosité Livingstone, paraît-il, ne chantait pas. Tout simples qu'ils nous paraissent, nos cantiques sessoutos étaient au-dessus de la portée de ces pauvres gens. J'en composai donc deux ou trois, très courts. Le premier, que nous chantons sur l'air du Ps. 100, devint si populaire, qu'on en répéta bientôt les paroles par tout le village. Les chants indigènes se composent de récitatifs et de chœurs d'une seule syllabe: Hè! hè! ha! ha! à volonté. Aussi la grande difficulté était d'amener ces gens à chanter les *paroles*. Ils croyaient qu'il suffisait que nous les chantassions et qu'ils répétassent en chœur un monosyllabe quelconque en harmonie avec la terminaison de chaque ligne.

Morantsiana et ses conseillers, craignant que je ne me décourageasse de leurs délais, me pressaient d'attendre à Seshéké le retour de leur messager. La tentation était grande à cause de l'œuvre que nous avions commencée. Après mûres réflexions, je conclus que le devoir me rappelait vers ceux que j'avais laissés à Leshoma. On me fournit des canots et je me remis en route. Mon principal but, en retournant, était de faire les arrangements nécessaires pour conduire ma femme à Seshéké, que je crois plus salubre, et où elle pourrait plus facilement attendre mon retour de Naliélé, en se livrant à l'œuvre. Les coteaux de sable et les bois de Leshoma sont une triste solitude qui nous a révélé dernièrement des dangers dont nous ne nous doutions pas. Elle est infestée de lions. Dix jours avant notre arrivée, l'un d'eux avait pénétré dans l'enceinte de l'établissement commercial d'un M. Westbeach et saisi un de ses domestiques dans une hutte. Nous ignorions cela. Cependant, par prudence, nous fortifiâmes notre campement d'une forte palissade. Cela n'empêcha pas les lions d'y pénétrer et de déchirer jusqu'au dernier de nos chiens de garde à la porte même de notre tente.

En retournant à Leshoma, je tombai malade, et j'eus beaucoup de peine à faire les six ou sept lieues qui séparent cet endroit du Chobé. Je n'arrivai que pour m'aliter, et, pendant quelques jours, on crut ma vie en danger. Grâce au Seigneur et aux soins éclairés de ma chère compagne, la crise fut favorable et une fois de plus je fus rendu à la vie. Je suis maintenant en pleine convalescence. En même temps que moi, un de nos jeunes gens, Khosana, tomba aussi malade. Les mêmes soins lui furent prodigués, tant par ma femme que par nos hommes. On crut qu'un mieux s'était déclaré ; c'était un mieux trompeur. La maladie se porta à la tête, et, sans avoir le délire, notre pauvre garçon poussait des gémissements qui fendaient le cœur. Tous les remèdes furent inutiles. Au bout de trois jours de souffrances, il rendit le dernier soupir, laissant sa dépouille mortelle dans l'attitude du sommeil. C'était dans la matinée du vendredi 13 septembre. Le lendemain, nous le conduisions à sa dernière demeure, avec des sentiments de soumission, sans doute, mais aussi de tristesse, qui peuvent mieux se comprendre que s'exprimer. Il repose à l'ombre d'un bel arbre acajou, en attendant l'aurore de la résurrection. Son tombeau pourra rester ignoré des passants ; mais le Seigneur connaît ceux qui sont siens, et leur mort est précieuse devant ses yeux. C'est là la première mort que nous ayons eue parmi les membres de l'expédition depuis dix-huit mois que nous voyageons. Elle nous a pris par surprise, et il nous semble encore être sous l'empire d'un affreux cauchemar. Le Seigneur nous a baptisés par l'affliction. Cette tombe, à la porte du pays des Barotsis, est un sérieux appel à la jeunesse du Lessouto, et nous désirons que cette épreuve soit aussi bénie et sanctifiée pour nos propres âmes, et qu'elle produise en nous des fruits de paix et de justice.

Khosana était un jeune homme de Léribé qui s'était volontairement offert pour cette expédition. Sa conversion date de la visite du major Malan. Il s'était tous les jours rendu plus cher à nos cœurs par une obéissance et un respect qui ne se sont jamais démentis. Son caractère gai et enjoué le rendait le favori de tous. Il aimait beaucoup le chant. Sa piété douce et sans ostentation en faisait un évangéliste populaire. Sa tâche n'était pas précisément d'exhorter ; c'est à de plus âgés qu'il laissait ce privilège. Mais, après les réunions, il aimait à s'asseoir au milieu d'un groupe de païens, et à leur enseigner un verset de la Parole de Dieu ou le chant d'un cantique: Il laisse un vide parmi nous ; mais c'est à la douleur de sa mère et de son père que nous pensons ! Que Dieu les soutienne et les console !...

Leshoma, 9 novembre 1878.

Je reviens encore une fois de Seshéké, et je me hâte de profiter d'une occasion qui se présente pour vous donner de nos nouvelles, et, tout d'abord, en ce qui concerne le but de notre expédition. La première partie de ma lettre vous a déjà fait voir que les Barotsis aiment prendre leur temps, même en traitant d'affaires. C'est ainsi que le messager, envoyé à la capitale et dont on me faisait espérer le retour à la fin de septembre, n'arriva qu'à la fin d'octobre. Le roi n'avait pas compris le message et me refusait l'entrée du pays, prétextant la guerre civile qui le menaçait. Les chefs de ce quartier, surpris d'une telle réponse, m'invitèrent à Seshéké, où je me rendis immédiatement avec Asser. Eléazare, lui, nous y avait déjà précédés et nous attendait depuis six semaines. Morantsiane, tout en me transmettant officiellement la réponse du chef, me dit que, depuis lors, les officiers qui étaient venus vendre l'ivoire étaient retournés à la capitale ; qu'ils avaient représenté l'affaire à Robosi, et qu'on attendait chaque jour un nouveau messager. Malgré le peu de confiance que m'inspiraient ces nouvelles démarches, je fus retenu plus longtemps que je ne l'aurais voulu tant par une maladie d'Éléazare que par celle de Morantsiane lui-même et par l'impossibilité où je me trouvais de me procurer un canot. Sur ces entrefaites, arriva un des chefs de Seshéké, qui revenait de la capitale, porteur d'un nouveau message. Robosi me faisait dire qu'il regrettait fort de n'avoir pas compris le premier message. Il en rejetait toute la faute sur ses officiers qui lui avaient envoyé un esclave au lieu de l'un d'eux: Il manifestait un grand désir de nous recevoir.

Mais, ajoutait-il, si le missionnaire a hâte de quitter le pays avant la saison des pluies, que ce soit à la condition qu'il reviendra à l'entrée de l'hiver, — en juin. Lui-même, il construisait sa ville, mais il serait alors en mesure de me recevoir. Il donnait déjà des ordres pour que, dès notre retour, on nous fît passer chez lui sans délai. Nous nous assurâmes, à force de questions, de la véracité du message du chef suprême des Barotsis. Nous sommes arrivés à la conviction que lui et ses gens nous désirent sincèrement et qu'ils nous ouvrent la porte de leur pays sans arrière-pensée. Malheureusement, il reste toujours ce fait que je n'ai pu avoir une entrevue avec le roi lui-même, et il se pourrait que cela invalidât à vos yeux l'invitation des Barotsis d'aller nous établir chez eux.

La saison déjà fort avancée, nos provisions qui menacent de nous faire défaut, et surtout l'état sanitaire de nos gens, me mettent dans l'impossibilité de tenter maintenant d'autres démarches et m'imposent le devoir de reprendre le chemin de Manguato. C'est de là que je pourrai, à tête reposée, vous envoyer, ainsi qu'à mes frères du Lessouto, un rapport plus complet. Je prévois que nous allons nous trouver de nouveau dans un embarras extrême. Comment espérer que, dans l'espace de quatre ou cinq mois, nous puissions prendre une décision définitive et mûrir nos plans ? Je sais que l'établissement d'une mission dans ces parages présente d'immenses difficultés et soulève de graves objections. Laissez-moi d'abord vous assurer que la nationalité de nos évangélistes, loin d'être une objection, est plutôt une recommandation. La grande question est celle de la fièvre. Le climat de ce pays est meurtrier, mais celui du pays des Banyaïs l'est tout autant, si ce n'est plus. Sans entrer plus avant dans la question, il est évident que les Barotsis et leurs vassaux, qui tous parlent le sessouto, doivent être évangélisés, — ils doivent l'être si le Sauveur est mort pour eux aussi. Mais ce poste sera évidemment un poste périlleux, un poste de dévouement. La question est bien sérieuse quand on pense aux vies précieuses qui peuvent y être sacrifiées, et au peu de ressources en hommes dont nous pouvons disposer. Mais où trouverons-nous un champ missionnaire qui réunisse les conditions de rapprochement, de salubrité, etc., que nous désirions? Pour ma part, je n'en vois aucun pour le moment. Sûrement si le Seigneur fait appel à la jeunesse du Lessouto et à celle de France, il ne manquera pas de chrétiens qui se sentiront pressés de faire même le sacrifice de leurs vies pour Celui qui a sacrifié la sienne pour eux. Quant à nous, nous retournerons à Manguato, dans l'esprit qui nous a amenés ici. Si mes frères désirent que nous répondions à l'invitation des Barotsis, et que nous revenions y placer nos catéchistes, nous reviendrons. Sinon, nous obéirons dans un esprit de soumission, laissant à d'autres le privilège d'occuper une place d'honneur aux avant-postes de Sion.

Je voudrais bien clore ainsi ma lettre, mais je n'ai pas fini. J'ai encore une nouvelle à vous communiquer, et pour cela j'ai à me faire violence. Nous venons de perdre un autre membre de notre expédition : c'est Eléazare Marathane. Au retour de notre première visite à Seshéké, connaissant la tendance des Barotsis au laissez-aller, il me pressa avec tant d'instance pour que je le laissasse aller à Mparira d'abord, puis à Seshéké, veiller aux affaires, et les hâter autant que possible, qu'après plusieurs jours d'hésitation nous finîmes par le laisser partir. Bientôt après, j'envoyais aussi Azaële ; mais il ne put le rejoindre faute d'un canot. Eléazare avait toute notre confiance, il nous tenait au courant de tout ce qu'il faisait, de tout ce qui se passait. Quand nous arrivâmes à Seshéké, il y a quinze jours, avec Asser, la joie du revoir fut bien douce. Nous trouvâmes qu'il avait fait l'œuvre d'un bon évangéliste ; il avait gagné l'affection et l'estime des chefs Barotsis et de leurs gens. Cela me fit grand plaisir. Le même jour, il tomba malade ; le lendemain, se sentant un peu mieux, il put s'occuper d'affaires avec nous, et, voyant que les chefs, tremblant pour leurs vies, me refusaient la permission de me rendre à la capitale, — c'était avant le second message du roi, — il me pressait avec instance de demander cette permission pour lui : « On n'objectera pas, » disait-il, « je ne serai qu'une lettre. » Il fallait plus de courage que nous ne l'imaginions peut-être pour faire une telle offre, car les Barotsis ont la réputation d'être des empoisonneurs et des traîtres incorrigibles. Quelques jours avant mon arrivée, un incendie avait réduit en cendres deux huttes du chef; j'y avais perdu tous les vêtements, livres, médecines, provisions de route, etc., que j'y avais laissés pour le voyage que je comptais faire à la capitale. Rien n'avait été sauvé. Heureusement que j'avais apporté avec moi quelques-uns des médicaments les plus nécessaires. Malgré tous mes soins, la maladie fit de terribles progrès, et je pressentis que le Seigneur allait retirer notre ami. Si seulement j'avais pu me procurer un canot et transporter mon cher malade à Leshoma ! Mais le chef, malade lui-même, voulant me garder jusqu'à l'arrivée du second message de Robosi, me renvoyait toujours au lendemain. Comme la maladie s'aggravait, nos visiteurs superstitieux devinrent de plus en plus rares, et nous fûmes abandonnés à nous-mêmes. Le lundi matin, le 4 courant, nous fîmes un dernier effort. On nous avait fourni deux bateaux. Nos préparatifs de départ terminés de bonne heure, nos bagages déjà embarqués, il s'agissait de transporter notre patient. Il avait un tel désir de revoir ma femme qu'il demandait à chaque instant quand on partirait. Il était trop tard, il faillit expirer dans mes bras. Il parlait déjà avec difficulté. Force nous fut de renoncer à partir. Il s'affaissa rapidement. Il savait que le moment de déloger était proche pour lui, et il était heureux. Seulement, disait-il, il souffrait pour nous qui le soignions, et pour ma femme qui était seule à Leshoma.

Un assoupissement incessant et la difficulté de la parole

l'empêchaient déjà de nous dire ce qui se passait en lui. Mais sa figure radieuse et ses lèvres qui remuaient souvent nous montraient qu'il était en communion avec son Sauveur. Quand je lui répétais un verset, il disait : *Ki teng !* *c'est bien !* et jusque peu de temps avant sa mort, il répondait encore à mes questions : *Ntate !* *Mon père !* Le mardi soir à huit heures, il rendit le dernier soupir, sans effort. J'eus quelques difficultés pour les funérailles. On voulait qu'elles se fissent de nuit. J'obtins qu'elles se fissent en plein midi, et je réussis même à y faire assister tous les chefs de Seshéké. Naturellement tout retomba sur Asser et sur moi. Mais, malgré les émotions dont cette hutte avait été témoin et toutes les fatigues des journées et des nuits précédentes, le Seigneur nous fortifia. Nous pûmes chanter un cantique. Je pus expliquer, avec un grand calme, à mes auditeurs tremblants, les mystères de la mort et de la résurrection. Au lieu d'une fosse creusée à la hâte bien loin dans la forêt, le tombeau de notre cher Eléazare est à cinq minutes du village, sur la lisière d'un bois, et à l'ombre d'un arbre. Il m'avait dit, peu de jours auparavant, en entendant le second message du roi : « Dieu soit béni, la porte est ouverte ! Mon tombeau sera comme les *arrhes* de la mission » (un *tebeletso*, le gage de ce qu'on attend !).

Le lendemain, nous descendions le fleuve ; le temps était en parfaite harmonie avec nos sentiments : il pleuvait. Mais des nouvelles de Leshoma m'avaient inquiété et j'avais hâte d'arriver. Il m'est impossible d'en dire davantage aujourd'hui. Eléazare était pour nous un ami et pour moi un conseiller plein de bon sens et de jugement. Son cœur était tout entier dans cette expédition. Il avait voulu s'y joindre en qualité d'évangéliste ; mais, ne pouvant vaincre l'obstination de sa femme, il avait saisi avec empressement l'offre que je lui avais faite de venir avec nous comme conducteur. Trois jours lui suffirent pour faire ses arrangements. Chez lui le sacrifice était complet. Je lui demandai avant sa mort

s'il n'avait jamais regretté, ou s'il ne regrettait pas maintenant d'ê're venu. «Monsieur, » me dit-il, avec un peu de tristesse, «vous avez oublié mes salutations à l'Eglise de Léribé.
J'ai offert ma vie au Seigneur; c'est lui qui dira où mon tombeau devra être creusé, pour moi cela m'est égal; au Zambèze comme au Lessouto, le ciel est près de nous. » Je lui
demandai plusieurs fois un message pour sa femme et ses
enfants. Il me donna toujours la même réponse: « Je leur ai
tout dit en partant; je n'ai plus rien à leur dire. » Pendant
tout le voyage, il a montré un grand courage et un désinté-
ressement admirable. Ce qui le caractérisait surtout, c'était
le sentiment et le respect du devoir. Son départ est une bien
douloureuse épreuve pour nous. Mais « nous nous sommes
tus et nous n'avons pas ouvert la bouche, parce que c'est
l'Eternel qui l'a fait. »

F. COILLARD.

6834. — Paris. Typ. de Ch. Noblet, 13, rue Cujas. — 1879.